Stefanie Stahl

JA, NEIN, VIELLEICHT!

Nie mehr Angst vor Nähe
Ein Mutmachbuch

Mit Illustrationen von Kai Pannen

KÖSEL

DIE AUTORIN

Stefanie Stahl, Diplom-Psychologin in freier Praxis in Trier, ist Deutschlands bekannteste Psychotherapeutin. Die Bestsellerautorin (»Das Kind in dir muss Heimat finden«, »Jeder ist beziehungsfähig«) hält regelmäßig Vorträge und Seminare, ist eine begehrte Keynote Speakerin und Expertin in den Medien.

www.stefaniestahl.de

DER ILLUSTRATOR

Kai Pannen studierte Malerei und Film in Köln. Seit 1990 arbeitet er als Illustrator und Trickfilmer. Ein Schwerpunkt seiner Tätigkeit ist die Buchillustration. Er lebt und arbeitet in Hamburg.

www.kaipannen.de

INHALT

WOVON HÄNGT DAS GLÜCK IN DER LIEBE AB?

Warum ist es eigentlich so, dass manche Menschen sich ganz früh finden und ein Leben lang gemeinsam glücklich sind, und bei anderen die Beziehungen immer wieder scheitern, oder gar nicht erst anfangen?
Gibt es so etwas wie ein Schicksal, das darüber bestimmt, ob wir Glück in der Liebe haben? Oder ist alles nur ein dummer Zufall? Oder hat es etwas mit uns selbst zu tun, wenn wir anscheinend immer auf die Falschen treffen?

OB WIR DEN RICHTIGEN PARTNER ERKENNEN, HÄNGT VON UNS SELBST AB

Die Antwort auf diese Fragen lautet: Es hat etwas mit Glück zu tun, einen Partner zu finden, der wirklich gut zu einem passt. Aber ob wir erkennen, dass der oder die Richtige vor uns steht, und ob wir es schaffen, mit ihr oder ihm glücklich zu werden, das hängt von uns selbst ab.
Manche Menschen laufen immer den falschen Partnern hinterher und den Richtigen davon. Sie schwärmen von ihrer Prinzessin oder ihrem Prinzen, wird die Beziehung jedoch eng und verbindlich, überkommen sie Zweifel, ob sie nicht doch noch etwas Passenderes fänden. Andere hingegen klammern ewig an Partnern, die sie unglücklich machen.

Das hier ist Martin. Er sieht gut aus, ist charmant, witzig und tut viel dafür, ein »super Typ« zu sein. Er kann sich heftig verlieben und träumt davon, die Frau fürs Leben zu finden. Jedoch überkommen ihn immer dann, wenn er meint, sie gefunden zu haben, plötzlich Zweifel. Ob er will oder nicht, verändert sich sein Blick auf seine jeweilige Freundin drastisch: War sie eben noch seine Märchenprinzessin, ist sie nun ein Mängelexemplar. Seine Liebe lässt stark nach und er zweifelt, ob sie tatsächlich die Richtige ist.

Das ist Tatjana. Sie gerät immer wieder an Typen wie Martin. Auch Tatjana ist sehr darum bemüht, einen möglichst guten Eindruck zu hinterlassen, und es gibt immer einige nette Männer, die Tatjana gern zur Freundin hätten. Tatjana steht aber nicht auf nette Typen, die findet sie irgendwie langweilig. Sie fühlt sich eher von Männern angezogen, die sehr souverän und unabhängig wirken.

TATJANA UND MARTIN LERNEN SICH KENNEN

Tatjana lernte Martin auf der Hochzeitsfeier ihrer besten Freundin kennen. Sie tanzten ausgelassen miteinander und flirteten den ganzen Abend. Martin war total Tatjanas Typ: markant, männlich und selbstbewusst. Tatjana brannte – für sie war es Liebe auf den ersten Blick! Auch Martin fand Gefallen an Tatjana, und sie wurden nach wenigen Anschlussdates ein Paar.

PLÖTZLICH SCHEINT DER BEZIEHUNG DIE LUFT AUSZUGEHEN

Sie sahen sich häufig und liebten sich leidenschaftlich. Tatjana war überglücklich: Endlich hatte sie den Richtigen gefunden! Sie träumte von einer gemeinsamen Zukunft und sprach davon zusammenzuziehen …

Aber auf einmal benahm sich Martin merkwürdig zurückhaltend. Er reagierte zögerlich und ausweichend auf ihre Wohnungspläne. Auch sein Verhalten veränderte sich: Er meldete sich seltener und sein Handy blieb öfter ausgeschaltet. Wenn sie sich sahen, war es nicht mehr so romantisch und leidenschaftlich wie vorher – Martin wirkte nun öfter lustlos im Bett. Er begründete seinen Rückzug mit viel Stress bei der Arbeit.

MARTIN GEHT AUF ABSTAND

Diese ganzen Veränderungen machten Tatjana Angst. Sie konnte sich keinen Reim auf Martins Verhalten machen. Sie spürte, dass er ihr entglitt. Sie wollte ihn aber nicht verlieren! Wenn sie auf die Beziehung zu sprechen kam, sagte er Sätze wie:
»Ich brauche meinen Freiraum«;
»Ich bin noch nicht so weit«;
»Ich möchte gern viel Zeit mit dir verbringen, aber die Arbeit ist mir auch ganz wichtig« …
Nach solchen Gesprächen war sie meistens verwirrter als vorher.

MARTINS VERHALTEN LÄSST TATJANAS STIMMUNG WIE EIN JOJO AUF- UND ABSCHNELLEN

Dann gab es aber auch wieder Momente voller Leidenschaft und Nähe, in denen Martin ganz der Alte war. Dann schoss Tatjana wie ein abgezogener Pfeil in den siebten Himmel. Wenn er sich danach jedoch wieder von ihr entfernte, fiel sie in ein Loch. Tatjana geriet immer mehr aus dem Lot und ihre Liebe für Martin wurde umso intensiver. Sie konnte sich nur noch schlecht auf ihre Arbeit konzentrieren, sie verlor den Appetit und schlief schlecht. Ständig kreisten ihre Gedanken um Martin und um ihre Beziehung.

TATJANA IST TODTRAURIG

Martins Verhalten wurde immer abweisender. Er reagierte öfter genervt, wenn Tatjana kuscheln wollte, und er wurde unzuverlässig: Er vergaß zurückzurufen und sagte Verabredungen kurzfristig ab. Wenn Tatjana mit ihm über die Beziehung sprechen wollte, reagierte er gereizt und verschlossen. Sie wurde immer verzweifelter, machte ihm Szenen, jammerte und klammerte. Je mehr sie ihm jedoch hinterherlief, desto weiter entfernte er sich von ihr.
Schließlich machte Martin Schluss. Die Beziehung würde ihn nur noch stressen und er liebe sie auch nicht mehr, erklärte er. Für Tatjana brach die Welt zusammen. Was hatte sie nur falsch gemacht – was war passiert?

TATJANAS AUFERSTEHUNG

Nach einigen Wochen des bittersten Liebeskummers kam Tatjana allmählich wieder zu sich. Sie dachte zwar noch oft an Martin, aber es gab auch immer öfter Momente, in denen sie wieder Freude am Leben hatte. Hierzu trug auch ihr neuer Arbeitskollege Mesut bei, den sie ziemlich scharf fand. Eines Abends, als sie gerade beschwingt von einem Date mit Mesut nach Hause kam, fand sie eine SMS auf ihrem Handy vor: »Vermisse dich. Martin.« Ihr Herz fing an zu rasen. Sie rief ihn spontan an. Drei Tage später waren sie wieder zusammen.

DAS ENDE

Nachdem sie erneut ein Paar geworden waren, war alles wieder so schön wie in der Anfangszeit. Tatjana fühlte sich überglücklich. Doch leider währte das Glück nicht lange: Bald fiel Martin wieder in seine alten Verhaltensweisen zurück. Tatjana hatte chronisch das Gefühl, zu kurz zu kommen und Martin hinterherzulaufen. Als er auch noch eine Affäre mit einer anderen Frau anfing, war sie total verzweifelt. Martin hingegen wurden Tatjanas »Psychokrisen« zu viel, er entschied sich für die andere Frau und machte zum zweiten Mal Schluss. Tatjana war am Boden zerstört. Martin hingegen wurde mit seiner neuen Freundin auch nicht glücklicher als mit Tatjana.

WAS IST GESCHEHEN?

Martin leidet, ohne dass ihm das klar wäre, unter Bindungsangst. Wie sollte ihm das auch bewusst sein, wo er sich doch so sehr danach sehnt, endlich die Frau fürs Leben zu finden? Seine Sehnsucht nach der großen Liebe ist dabei auch ganz gewiss echt. Was hingegen nicht ganz echt ist, ist Martin selbst. Er tut nämlich sehr viel dafür, um geliebt zu werden und Bestätigung von seinen Mitmenschen zu erfahren. Und das führt dazu, dass er in Liebesbeziehungen nicht ganz er selbst ist. Dabei ist Martin sich durchaus bewusst, dass er bei seinen Eroberungen eine gewisse Show abzieht. So cool und lässig, wie er sich bei seinen Nebenmenschen und insbesondere bei den Damen präsentiert, findet er sich nämlich im tiefsten Inneren überhaupt nicht. Deswegen setzen feste Beziehungen ihn nach der verliebten Anfangszeit auch unter Druck: Nun muss er halten, was er versprochen hat. So gibt er sich stets souverän und gelassen, obwohl er sich oft ganz anders fühlt. Auch beim Sex ist er nicht er selbst, sondern ein aufmerksamer, zärtlicher Liebhaber. Dabei steht er eigentlich gar nicht darauf, die Frau zu verwöhnen – in seinen Fantasien ist er fordernd und dominant. Und weil Martin sich nicht traut, er selbst zu sein, meint er, dass feste Beziehungen ihn einengen würden. Nur wenn er allein ist, fühlt er sich frei und selbstbestimmt. Dies ist auch der Grund, warum er sich von Tatjana zurückzieht, als sie anfängt, von einer gemeinsamen Wohnung zu träumen.

MARTIN FLÜCHTET – TATJANA KLAMMERT

Tatjana sucht nach Männern, die ihr Selbstbestätigung und einen äußeren Halt geben. Ohne eine feste Beziehung fühlt sie sich unsicher und weniger wertvoll. Sie benötigt viel Anerkennung und Bestätigung von anderen Menschen. Und gerade weil sie sich selbst so abhängig vom Urteil anderer fühlt, findet sie Männer besonders anziehend, die eine große Unabhängigkeit ausstrahlen. Wenn sie so einen coolen Typen wie Martin von sich überzeugen kann, wertet sie das besonders auf. Von Männern, die hinter ihr her sind, fühlt sie sich hingegen schnell eingeengt.

WERTE MICH AUF, ABER ENGE MICH NICHT EIN!

Was Tatjana ganz schlecht vertragen kann, ist Zurückweisung. Martins Weigerung, mit ihr zusammenzuziehen, und sein darauffolgender Rückzug haben sie zutiefst gekränkt. Anstatt sich jedoch von ihm abzuwenden, kämpft sie umso stärker um seine Zustimmung. Sie will die Kränkung, die Martin ihr zugefügt hat, unbedingt wieder wettmachen, indem sie ihn doch noch von sich überzeugt. Deswegen kommt sie auch nicht von ihm los. Letztlich geht es Tatjana also, genau wie Martin, um Selbstwert. Das ist ihr jedoch nicht bewusst. Bewusst verspürt sie nur große Liebe und Leidenschaft.

Das Problem ist, dass Tatjana immer dann sehr leidenschaftlich verliebt ist, wenn ihr der jeweilige Mann noch nicht sicher ist. Wenn Martin sich auf die Beziehung, die gemeinsame Wohnung und eine spätere Heirat eingelassen hätte, wäre es ihr ähnlich wie ihm ergangen: Diffuse Einengungs- und Druckgefühle hätten sie befallen und es wären ihr große Zweifel gekommen, ob Martin wirklich der Richtige ist. Mithin leidet auch Tatjana unter Bindungsangst.

DER SELBSTWERT UND DIE LIEBE

Im tiefsten Inneren sind Martin und Tatjana überzeugt, dass sie eigentlich nicht genügen und viel tun müssen, um geliebt und anerkannt zu werden. Beide haben große Angst davor, abgelehnt zu werden. Sie streben nach der Anerkennung ihrer Mitmenschen, um ihren Selbstwert zu stabilisieren. Beide fühlen sich bestätigt, wenn man sie gut findet, und kläglich, wenn man sie zurückweist. Ihr Partner hat die Aufgabe, sie aufzuwerten. Deswegen suchen sie nach jemandem, der vorzeigbar ist und den sie bewundern können. Wenn ihnen ein Partner jedoch sicher ist, kippt das Machtverhältnis.

Bis dahin wollten sie ihn unbedingt einfangen und ihn von sich überzeugen, nun will der Partner jedoch plötzlich auch etwas von *ihnen.* Er stellt gewisse Erwartungen an sie. Unbewusst meinen Martin und Tatjana, sie *müssten* diese Erwartungen erfüllen, um geliebt zu werden. Sie sind sehr bemüht, ihr Gegenüber glücklich zu machen, damit es zufrieden mit ihnen ist und ihre Liebe erwidert. Der Partner ist quasi der Spiegel ihres Selbstwertgefühls. Da sie sich sehr abhängig fühlen von seiner Zuneigung und Zustimmung, stellen sie ihre eigenen Wünsche und Bedürfnisse sehr weit zurück, um zu gefallen. Sie sind also nicht ganz sie selbst.

ERWARTUNGEN SCHNÜREN DEM BINDUNGSÄNGSTLICHEN DIE LUFT AB

So richtig frei und authentisch fühlen sie sich dementsprechend nur, wenn der Partner nicht in der Nähe ist. Aus diesen Gründen beschleicht sie in einer nahen und verbindlichen Beziehung schnell der Verdacht, vereinnahmt zu werden. Sie haben das Gefühl, sich selbst zu verlieren. Der Druck und die Enge, die sie in solchen verbindlichen Beziehungen verspüren, ersticken ihre Liebesgefühle, und es stellen sich Zweifel ein, ob der Partner wirklich gut zu ihnen passt.

AKTIVE UND PASSIVE BINDUNGSANGST

Wie das Beispiel von Tatjana und Martin zeigt, ist es in bindungsängstlichen Beziehungen häufig so, dass einer davonläuft und der andere hinterher. Deswegen spricht man auch von aktiver und passiver Bindungsangst. Martin ist dabei der aktiv Flüchtende, während Tatjana ihre Bindungsangst passiv auslebt, indem sie sich an einen Mann bindet, der keine wirkliche Nähe zulässt. Wer jeweils aktiv und wer passiv bindungsängstlich ist, kann innerhalb einer Beziehung und auch zwischen den Beziehungen wechseln. Häufig ist es jedoch so, dass Frauen eher dem passiven Modus und Männer eher dem aktiven Modus folgen.

WORAN ERKENNT MAN ANGST VOR NÄHE?

Bindungsangst kann auf sehr unterschiedliche Arten zum Ausdruck kommen. Es geht auch nicht in allen bindungsängstlichen Beziehungen so turbulent zu wie bei Tatjana und Martin, obwohl krasse Wechsel zwischen Nähe und Distanz häufig zu verzeichnen sind. Aber es gibt auch bindungsscheue Naturen, die eher konstant Abstand halten, selbst wenn sie sich in einer Ehe oder Dauerbeziehung befinden. Einer oder beide Partner vermeiden Nähe, indem sie beispielsweise viel arbeiten, intensive Hobbys pflegen, Konflikte unter den Teppich kehren, sexuell lustlos sind und die Nähe zum Partner knapp dosieren. Diese Beziehungen sind also weniger durch Achterbahnfahrten denn durch eine gewisse Erstarrung gekennzeichnet.

Einige Betroffene fühlen sich abhängig und ausgeliefert, wenn ihnen ein Partner zu nah kommt. Sie haben so viel Angst, verletzt zu werden und den Partner zu verlieren, dass sie das Weite suchen. Damit haben sie das befürchtete Ende wenigstens selbst unter Kontrolle.

Bei anderen stehen eher diffuse Druckgefühle und ein starker Freiheitswunsch im Vordergrund, so wie es bei Martin der Fall war. Wieder andere, so wie Tatjana, arrangieren ihre Beziehungen unbewusst so, dass sie einem schwer erreichbaren Partner hinterherlaufen und ihre Bindungsangst passiv ausleben.

BEVOR DER ANDERE GEHT, LÄUFT MAN LIEBER SELBST DAVON

Häufig kommen den aktiv Flüchtenden die Liebesgefühle für ihren Partner abhanden, sobald die Beziehung so verbindlich wird, dass sie in ihnen Angst, Stress und Druckgefühle auslöst. Die Partner, die hinter dem Näheflüchter herlaufen, wie in unserem Beispiel Tatjana, erscheinen durch ihr Klammern noch unattraktiver. Mit dem Verlust von Liebesgefühlen geht meistens auch die erotische Anziehungskraft verloren. In vielen bindungsängstlichen Beziehungen herrscht darum erotische Funkstille.

NACH EINER STÜRMISCHEN ANFANGSZEIT GEHEN LIEBE UND EROTIK VERLOREN

Menschen, die unter Bindungsangst leiden, können schlecht mit Erwartungen ihrer Partner umgehen: Erwartungen, ob eingebildet oder tatsächlich vorhanden, lösen in ihnen Druckgefühle aus. Sie fühlen sich durch die Ansprüche ihrer Partner schnell fremdbestimmt, zumindest dann, wenn die Beziehung nah und verbindlich wird. Auch deswegen verspüren sie einen starken Drang, aus der Beziehung zu flüchten. Dies tun sie nicht nur, indem sie die gemeinsame Zeit begrenzen, sondern auch, indem sie sich wenig öffnen und oft ihr eigenes Ding durchziehen. Der aktiv Flüchtende bestimmt normalerweise im Alleingang, wieviel Nähe er in der Beziehung zulässt. Zudem legt er sich ungern fest und eiert um verbindliche Zusagen, wie beispielsweise zu einer gemeinsamen Wohnung, Heirat oder Familienplanung herum. Aber auch Fremdgehen, Dreiecks- und Fernbeziehungen können Anzeichen für Bindungsangst sein. Kurzum tun aktiv Bindungsängstliche viel dafür, um immer eine gewisse Distanz zu ihrem Partner aufrechtzuerhalten oder erst gar keine feste Beziehung einzugehen.

DAS LEIDEN DER PASSIV-BINDUNGSÄNGSTLICHEN PARTNER

Die passiv-bindungsängstlichen Partner sind, ähnlich wie Tatjana, zumeist völlig verzweifelt. Sie fühlen sich den Distanzierungsmanövern ihrer Liebsten ausgeliefert. Egal, ob sie jammern, betteln, fordern oder erdulden, sie können auf das Verhalten des anderen keinen Einfluss nehmen: Der macht, was er will, und geht nur höchst ungern Kompromisse ein.

Hierdurch geraten die passiven Partner, so wie Tatjana, in eine unterlegene Position. Sie fühlen sich des Aktiv-Bindungsängstlichen nie ganz sicher, und gerade weil dieser sich nicht richtig einlässt, erleben sie ihn als stark und übermächtig. Sie stellen ihn quasi auf ein Podest, idealisieren ihn und haben chronische Angst ihn zu verlieren. Die Passiv-Bindungsängstlichen fühlen sich wie zappelnde Fische am Haken. Sie sind geradezu süchtig danach, die Bestätigung und Zuwendung des anderen zu erhalten. Um die Kontrolle zurückzuerlangen, sind sie bemüht, den Näheflüchter irgendwie einzufangen, ihn festzunageln. Das führt aber leider dazu, dass dieser sich noch weiter entzieht.

EIN TEUFELSKREIS: JE MEHR DER EINE FLÜCHTET, DESTO MEHR VERSUCHT DER ANDERE, IHN EINZUFANGEN. JE MEHR DER EINE KLAMMERT, DESTO EHER FLÜCHTET DER ANDERE.

WER SICH ZUERST EINLÄSST, HAT VERLOREN

Als Martin und Tatjana eine Beziehung eingingen, befanden sie sich zunächst auf Augenhöhe, beide wollten ungefähr gleich viel voneinander. Als Tatjana jedoch gemeinsame Wohnungspläne schmiedete, kippte das Machtverhältnis: Tatjana wollte nun mehr von Martin. Er geriet unter Druck und schottete sich ab. Dies löste in Tatjana einen starken Klammerimpuls aus.

Martins Gefühle für Tatjana ließen nach: Zum einen, weil er sich in der Beziehung zu ihr unter Druck gesetzt fühlte und zum anderen, weil Tatjanas Klammern sie in seinen Augen unattraktiv machte. Dies ist die typische Dynamik in bindungsängstlichen Beziehungen: Der eine läuft davon und der andere hinterher. Und je stärker ein Partner klammert, desto mehr fühlt sich der andere unter Druck gesetzt und verliert hierdurch das Interesse am Partner und der Beziehung, während der Anklammernde immer mehr verzweifelt.

DAS DILEMMA: BINDUNG ODER FREIHEIT

In der Vorstellungswelt von bindungsängstlichen Menschen passen zwei Dinge nicht zusammen: Authentisch *und* gebunden zu sein. So richtig frei und ganz sie selbst fühlen sie sich nur, wenn der Partner nicht im gleichen Raum ist. Sobald er in die Nähe kommt, springt ihr Programm an, sich irgendwie anpassen zu müssen. Hierdurch sehen sie ihre persönliche Freiheit und Autonomie bedroht und grenzen sich ab. Es sei denn, der Partner ist ihnen nicht sicher, dann können sie eine starke Sehnsucht und Liebe empfinden, weil sie sich in diesem Stadium der Beziehung noch nicht von ihm vereinnahmt fühlen.

OHNE VERÄNDERUNG KANN ES KEIN HAPPY END GEBEN

Ihren Wunsch nach Nähe können sie also nur deutlich spüren, wenn der Partner ihnen nicht zu nah kommt. Ansonsten kippt ihr Nähewunsch in Richtung Freiheitsdrang. Deswegen gibt es für sie im Grunde nur zwei Möglichkeiten: Entweder laufen sie einem Partner hinterher, der sich nicht wirklich auf die Beziehung einlässt – oder sie laufen vor einem Partner, der ihnen sicher ist, davon. Somit kann es kein Happy End für sie geben.

Wenn Tatjana und Martin sich von diesem Programm befreien wollen, müssen sie lernen, dass man sie unter der Bedingung, dass sie ganz sie selbst sind, lieben kann.

WAS KANN HELFEN?

Vereinfacht gesagt, müssten Tatjana und Martin aufhören, der Anerkennung anderer hinterherzurennen, und lernen, sich selbst zu mögen. Dies tun sie nämlich nur bedingt. Sie akzeptieren allein die Eigenschaften an sich, die sie gut finden, ihre Schwächen lehnen sie ab. Und deswegen meinen sie auch, Teile von sich vor ihrem Partner verstecken zu müssen, um die Verbindung zu ihm halten zu können. Tatsächlich ist jedoch das Gegenteil richtig: Authentizität ist die Voraussetzung für echte Nähe.

WERDE DIR DEINER SELBST BEWUSST!

Damit Tatjana und Martin mehr zu sich selbst finden können, müssen sie ihr inneres Programm verstehen. Jeder Mensch trägt tiefe, innere Überzeugungen in sich, die zumeist unbewusst sind und die seine Wahrnehmung, sein Denken, sein Fühlen und in Folge auch sein Handeln bestimmen. Und gerade weil dieses innere Programm unbewusst abläuft, ist es so schwer, dagegen anzukommen. Der erste Schritt zur Veränderung ist also die Bewusstwerdung.

DER GRUNDSTEIN FÜR UNSER LIEBESPROGRAMM

Welches innere Programm uns lenkt, hängt von unseren Kindheitserfahrungen ab. Das Elternhaus hat einen großen Einfluss auf unser Selbstwertgefühl. Bei Mama und Papa lernen wir, ob wir um unserer selbst willen geliebt werden – oder ob wir die Erwartungen unserer Eltern erfüllen müssen, um geliebt oder wenigstens nicht bestraft zu werden.

ERWARTUNGEN SIND DER WUNDE PUNKT DER BINDUNGSÄNGSTLICHEN

Im Idealfall vermitteln uns die Eltern: Wir lieben dich, so wie du bist, auch wenn du dich an gewisse Regeln halten musst. Aber du darfst gern einen eigenen Willen haben und auf unserer Seite besteht bei Bedarf Verhandlungsbereitschaft. Du musst dich nicht verbiegen, um unseren Vorstellungen zu entsprechen. Wir fördern dich nach deinem Potenzial und nicht nach unseren eigenen Wünschen.

Nicht allen Eltern gelingt es jedoch, ihrem Kind diese Botschaften zu vermitteln. Sehr vereinfacht gesagt, gibt es Eltern, die ihren Kindern zu wenig Liebe schenken, und Eltern, die ihr Kind mit ihrer Zuneigung ersticken. Bei manchen Eltern kann das Kind sich nie sicher sein, wann es bestraft wird und wann nicht. Und es gibt Eltern, die ihr Kind ständig kontrollieren und überwachen. Andere haben hingegen wenig Zeit, so dass die Kinder meistens sich selbst überlassen sind. Die Kinder lernen hierdurch, dass sie sich den Forderungen ihrer Eltern anpassen müssen, wenn sie geliebt werden wollen.

DIE INNEREN GLAUBENSSÄTZE STEUERN UNS

Durch das Verhalten der Eltern erwirbt das Kind tiefe innere Überzeugungen darüber, ob es geliebt wird oder nicht und ob es etwas für die Liebe seiner Eltern tun muss. Diese inneren Überzeugungen werden in einfachen Sätzen, sogenannten »Glaubenssätzen«, im Unterbewusstsein abgespeichert. Kinder, die sich von ihren Eltern geliebt und angenommen fühlen, entwickeln Glaubenssätze wie: »Ich bin liebenswert«; »Ich bin wichtig«; »Ich darf ich selbst sein«; »Ich darf mich wehren«; »Ich bin willkommen« usw.

WENN ICH SO BIN, WIE DU WILLST, HAST DU MICH LIEB

War die Liebe der Eltern hingegen an Bedingungen geknüpft oder hat sich das Kind nicht von seinen Eltern geliebt gefühlt, dann entwickelt es genau gegenteilige Glaubenssätze wie: »Ich bin *nicht* willkommen« usw.

Das Kind beispielweise, dessen Eltern sehr streng sind, könnte unbewusst lernen: »Wenn ich will, dass du mich liebst, dann muss ich brav und fleißig sein.« Das überbehütete Kind lernt: »Wenn ich will, dass du mich liebst, dann muss ich immer für dich da sein.« Das Kind, dessen Mutter sehr kontrollierend ist, verinnerlicht: »Wenn ich will, dass du mich liebst, dann muss ich machen, was du willst.« Und das Kind, dessen Eltern wenig Zeit haben, meint: »Wenn ich will, dass du mich liebst, dann darf ich dir nicht zur Last fallen und muss es ganz alleine schaffen.«

DAS KIND IN UNS

Die Anhäufung unserer Glaubenssätze bestimmt einen Wesensanteil in uns, der als das »innere Kind« bezeichnet wird. Das innere Kind in uns entscheidet ganz wesentlich darüber, wie wir uns im zwischenmenschlichen Miteinander und insbesondere in Liebesbeziehungen verhalten.

DAS INNERE KIND BEEINFLUSST UNS AUCH IM ERWACHSENENALTER

Das lässt sich am Beispiel von Martin verdeutlichen: Martin hatte einen Vater, der beruflich sehr erfolgreich war. Er arbeitete viel und war selten daheim. Von Martin erwartete er ebenfalls sehr gute Leistungen und »dass er in der Spur läuft«. Martins Vater war aber nicht nur streng, er konnte auch sehr abwertend sein. Wenn der kleine Martin zum Beispiel für eine Aufgabe etwas länger brauchte, dann sagte sein Vater Sätze wie: »Stell dich nicht so dumm an«, oder: »Aus dir kann ja nix werden«. Martin schämte sich dann immer furchtbar. Er hatte Angst vor seinem Vater und gleichzeitig bewunderte er ihn. Seine Mutter war ihm in Bezug auf seinen Vater keine Hilfe: Sie hatte ebenfalls sehr großen Respekt vor ihrem Ehemann und trat Martin nicht zur Seite, wenn ihr Mann ihn heruntermachte. Martins Mutter war lieb, aber auch häufig gestresst und überfordert. Sie riet ihm immer: »Mach, was Papa sagt! Widerspruch bringt doch nichts!«

MARTINS INNERES KIND GLAUBT, DASS ES NUR DURCH LEISTUNG ETWAS WERT IST UND FÜRCHTET SICH VOR ABLEHNUNG

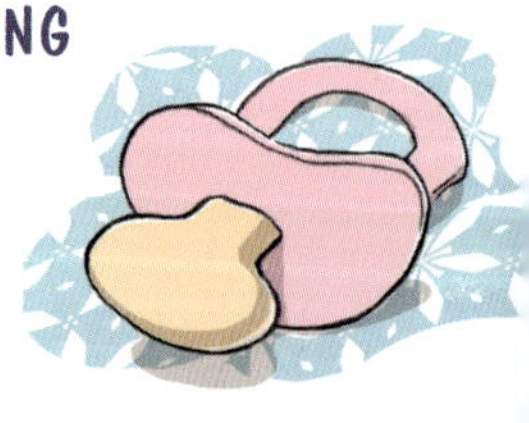

Martin entwickelte aufgrund des Verhaltens seiner Eltern innere Glaubenssätze wie: »Wenn ich will, dass du mich liebst, dann muss ich ... immer gute Leistungen erbringen; ... darf ich keine Fehler machen; ... muss ich tun, was du sagst; ... darf ich dir nicht zur Last fallen; ... darf ich dir nicht widersprechen und ... darf ich nicht ich selbst sein!«
Diese Glaubenssätze hat Martin verinnerlicht und sie steuern ihn unbewusst auch als Erwachsenen. Das innere Kind in Martin glaubt also auch heute noch, dass es ganz besondere Leistungen erbringen muss, keine Fehler machen und nicht es selbst sein darf, wenn es geliebt werden will. Und es hat unheimliche Angst vor Ablehnung. Es ist das innere Kind in Martin, das sich Tatjana aussucht, weil sie zunächst seinen Selbstwert bestätigt, und das dann wieder vor ihr davonläuft, weil es meint, sich für ihre Liebe selbst verleugnen zu müssen.

LERNE, DICH SELBST ZU VERSTEHEN

Um etwas zu verändern, müsste Martin also zuerst einmal verstehen, was sein inneres Kind denkt und fühlt. Dasselbe gilt natürlich auch für Tatjana, deren inneres Kind ebenfalls von ihren Eltern geprägt wurde.

WENN MARTIN UND TATJANA BEKANNTSCHAFT MIT IHREM INNEREN KIND MACHEN, KÖNNEN SIE VERSTEHEN, WARUM SIE SCHEINBAR IMMER AN DIE FALSCHEN GERATEN

Tatjana allerdings hatte Eltern, die sie zwar sehr geliebt, ihr aber auch viel abgenommen haben. In Tatjanas Familie herrschte überwiegend Harmonie, Konflikten wurde aus dem Weg gegangen. Zudem haben Tatjanas Eltern, insbesondere ihre Mutter, ein Problem damit, Tatjana loszulassen. Sie hat deswegen nicht gelernt, sich selbst zu behaupten und auf eigenen Füßen zu stehen. Durch die Überbehütung ihrer Eltern ist sie nie richtig selbständig geworden und sie traut sich wenig zu. Ihr inneres Kind trägt Glaubenssätze in sich wie: »Ich kann nicht allein sein«; »Ich muss es allen recht machen«; »Ich muss lieb und artig sein«; »Ich brauche jemand, der mir sagt, was ich tun soll«; »Ich darf dich nie verlassen!« Deswegen himmelt Tatjana Männer an, die besonders unabhängig und souverän wirken: Das Kind in ihr sehnt sich nach einem starken Mann, der es durchs Leben führt. Wenn ein Mann sich jedoch wirklich auf sie einlässt, dann kriecht das Gefühl in ihr hoch, von ihm total vereinnahmt zu werden.

Natürlich können auch andere Bezugspersonen, die in unserer Kindheit wichtig waren, Glaubenssätze in uns entstehen lassen und so unser inneres Kind beeinflussen, wie beispielsweise die Großeltern. Auch die Erfahrungen, die ein Kind mit Gleichaltrigen und in der Schule sammelt, können sehr prägend sein. Um es jedoch nicht zu kompliziert zu machen, beschränkt sich die Erklärung hier auf die Eltern.

FINDE DEINE GLAUBENSSÄTZE

Damit Martin und Tatjana ihr inneres Kind, also ihre persönlichen Glaubenssätze, finden, sollten sie sich ein Blatt Papier nehmen und darauf einmal stichwortartig notieren, wie ihre Eltern früher zu ihnen waren. Am besten schreiben sie die Verhaltensweisen jeweils für Mutter und Vater auf.

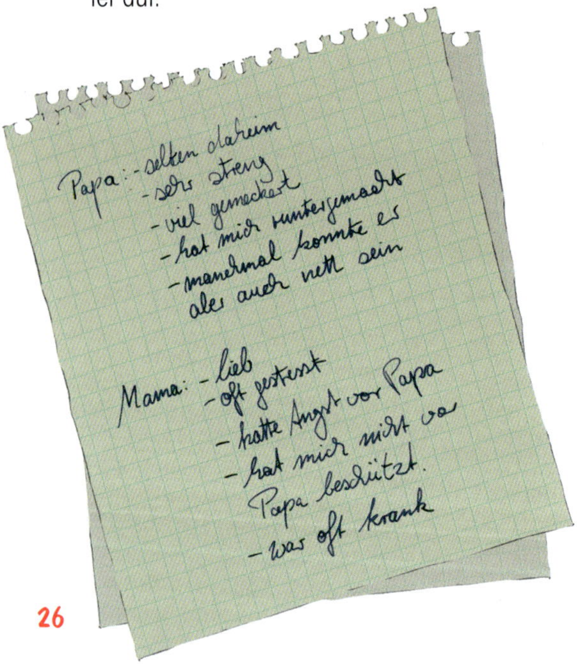

Wenn Tatjana und Martin dies notiert haben, sollten sie sich überlegen, zu welchen inneren Glaubenssätzen sie das Verhalten ihrer Eltern geführt hat. Dabei sind Glaubenssätze immer so formuliert, dass sie mit »Ich bin …«/»Ich bin nicht …« anfangen oder mit »Ich kann …«/»Ich kann nicht …« bzw. mit »Ich darf …«/»Ich darf nicht …« oder mit »Ich muss …«/»Ich muss nicht …«. Es sind ganz einfache Sätze, die eine Überzeugung über sich selbst ausdrücken.

Martin notiert: »Ich bin nicht gut genug«; »Ich muss leisten«; »Ich darf dir nicht widersprechen«; »Ich darf nicht ich selbst sein« und so weiter. Hierdurch wird ihm klar, dass er sich in seinem Leben immer mächtig angestrengt hat, um erfolgreich zu sein. Er bemerkt, dass er ganz viel dafür tut, um gut dazustehen: Er feilt an seinem Äußeren, er ist ehrgeizig im Job und auch bei seinen Freunden bemüht er sich gut anzukommen. Ihm war bislang nicht bewusst, dass er dies alles nur tut, um angenommen zu werden. Er ist sehr verblüfft über seine neue Erkenntnis.

Deswegen notiert er sich jetzt in einem dritten Schritt, welche konkreten Verhaltensweisen aus seinen Glaubenssätzen resultieren: »Ich tue oft viel cooler als ich mich tatsächlich fühle«; »Ich halte häufig mit meiner Meinung hinterm Berg«; »Ich bin sehr eitel«; »Ich versuche, es immer allen recht zu machen«; »Sobald eine Beziehung enger wird, flüchte ich in die Arbeit«; »Ich suche nach Frauen, die möglichst vorzeigbar sind«; »Ich drücke mich davor, verbindliche Zusagen zu machen« u.s.w.
Durch diese Übung wird Martin klar, dass seine Glaubenssätze ihn im Umgang mit seinen Mitmenschen und insbesondere in Liebesbeziehungen sehr bestimmen. Er erkennt, dass er aus engen Beziehungen flieht, weil er fürchtet, auf Ablehnung zu stoßen, wenn er sich trauen würde, mehr er selbst zu sein. Er versteht, dass er sich immer von der besten Seite zeigt, damit er von anderen Menschen angenommen wird, dass ihn aber genau dieses Verhalten in Liebesbeziehungen in eine Zwickmühle bringt. Denn eigentlich sehnt er sich – wie alle Menschen – danach, um seiner selbst willen geliebt zu werden.

DIE INNEREN GLAUBENSSÄTZE BESTIMMEN UNSER VERHALTEN, WENN WIR UNS IHRER NICHT BEWUSST SIND

Er beschließt deswegen, dass er mehr zu sich stehen muss und aufhören will, eine perfekte Rolle zu spielen. Tatjana geht es ganz ähnlich: Auch ihr wird anhand dieser Übung bewusst, dass sie sich mehr darum kümmert, was andere Menschen über sie denken, als herauszufinden, wer sie eigentlich selbst ist und was sie will.

Ich kann
Ich muss...
Ich darf nicht...

UNTERSCHEIDE ZWISCHEN FRÜHER UND HEUTE

Ganz wichtig ist, dass Martin und Tatjana verstehen, dass das »Liebesprogramm«, das sie bei ihren Eltern gelernt haben, mit der heutigen Realität nicht mehr viel gemeinsam hat. Sie müssen verstehen, dass sie ihre kindlichen Prägungen mit in das Erwachsenenleben hineingenommen haben und heute auf ihre Liebesbeziehungen übertragen.

So wird Tatjana klar, dass sie sich nach einem Mann sehnt, der die Verantwortung für sie und ihr Leben übernimmt, weil sie sich nie getraut hat, auf eigenen Füßen zu stehen. Durch die Übung ist ihr bewusst geworden, dass ihre Eltern sie häufig in Watte gepackt haben und sie sich bis heute nicht wirklich von diesen gelöst hat. Sie versteht, dass sie immer nach Männern gesucht hat, die besonders cool und unabhängig wirken, weil sie sich selbst oft so abhängig von dem Urteil anderer Menschen fühlt. Sie kann nun auch nachvollziehen, dass sie, weil sie dem Mann alle Erwartungen erfüllen und sich möglichst perfekt darstellen will, Angst hat aufzufliegen, wenn ihr ein Mann wirklich nahe kommt, beziehungsweise dass der Preis an Selbstverleugnung sehr hoch wäre, wenn sie sich auf Dauer den Wünschen eines Mannes unterordnen würde.

Dadurch, dass Tatjana und Martin erkennen, was ihre tiefen Prägungen sind, können sie einen kleinen Abstand herstellen zu ihrem inneren Programm. Bis dahin hatten sie sich innerlich ganz mit ihrem inneren Kind identifiziert und glaubten, so, wie das Kind die Welt sähe, wäre sie auch tatsächlich. Jetzt wird ihnen klar, dass sie ihre Liebespartner durch ihre Kinderaugen sehen und sie erwachsen werden müssen.

DER INNERE ERWACHSENE HILFT DIR

Damit es Tatjana und Martin gelingt, sich nicht mehr so stark von ihrem inneren Kind bestimmen zu lassen, sollten sie den kindlichen Anteil von dem erwachsenen Anteil in sich trennen. Der erwachsene Anteil ist der rational denkende, logische Verstand. Durch ihn können Tatjana und Martin erkennen, dass ihre inneren Glaubenssätze einfach nur elterliche Prägungen sind. Sie begreifen also, dass ihre Glaubenssätze wenig mit ihren objektiven Fähigkeiten und Qualitäten als Mensch zu tun haben, sondern vielmehr etwas mit der Überforderung und dem partiellen Erziehungsversagen ihrer Eltern. Wären ihre Eltern anders gewesen, dann hätten sie heute andere Glaubenssätze, im besten Falle solche, die bekräftigen, dass sie gut sind, so wie sie sind!

Deswegen suchen Martin und Tatjana nach einem neuen, positiven Glaubenssatz, der ihnen Halt gibt und sie leitet. Hierfür nehmen sie den negativen Glaubenssatz, der sie am meisten runterzieht, und drehen ihn einfach um. Martins neuer Glaubenssatz lautet: »Ich bin gut genug!«, Tatjanas neuer Satz lautet: »Ich kann für mich sorgen!« Um diesen neuen Glaubenssätzen Wirkung zu verschaffen, erinnern sich die beiden mit ein paar Tricks täglich mehrmals an sie.

Erinnerung an neue Glaubenssätze

- Malen Sie Ihren neuen Glaubenssatz in bunten Farben auf ein Blatt Papier und hängen Sie dieses gut sichtbar in Ihrer Wohnung auf.
- Sagen Sie sich Ihren neuen Glaubenssatz täglich 15-mal leise vor.
- Erinnern Sie sich an eine Situation in Ihrem Leben, in der Ihr positiver Glaubenssatz sich bereits als wahr herausgestellt hat.

STEH ZU DIR SELBST

Martin und Tatjana müssen lernen, sie selbst zu sein, und aufhören, eine bestimmte Rolle zu spielen. Bisher dachten sie, sie müssten irgendwie besser oder schöner sein, damit man sie mag. Nun arbeiten sie an einer neuen Einstellung: Ich bin okay, auch wenn ich nicht perfekt bin. Indem sie sich selbst akzeptieren – mit ihren Schwächen – sind sie nicht mehr so abhängig von der Anerkennung anderer. Sie müssen sich also nicht mehr verbiegen, nur um zu gefallen, und fühlen sich deshalb weniger unter Druck.

Martin übt mithilfe seines neuen Glaubenssatzes im Alltag neue Verhaltensweisen ein. So strengt er sich in Gesellschaft nicht mehr so an, witzig und geistreich zu sein. Und er traut sich auch öfter mal zu widersprechen, wenn er anderer Meinung ist. Er hört aufmerksamer und interessierter zu, wenn ihm jemand etwas erzählt, weil er sich mehr für andere Menschen öffnet und nicht mehr so stark mit seiner Selbstdarstellung beschäftigt ist. Vor allem, weil er öfter widerspricht und weniger bemüht ist, sich anzupassen, macht er die Erfahrung, dass er viel mehr Gestaltungsfreiheit in Beziehungen hat, als er bisher dachte. Er sagt nun öfter, was er will und was nicht. Neulich hat er sich sogar getraut, einem Mann, der sehr langatmig erzählte, zu sagen, er möge doch bitte auf den Punkt kommen. Martin verhält sich also viel offener und authentischer als früher. Und das hat zur Folge, dass er sich im Kontakt mit anderen Menschen wesentlich freier fühlt.

AUTHENTISCHES VERHALTEN GIBT GESTALTUNGSFREIHEIT

Auch Tatjana verändert sich mithilfe ihres neuen Glaubenssatzes und ihrer neuen Erkenntnisse. Zunächst sucht sie das Gespräch mit ihrer Mutter und erzählt ihr, was sie alles über sich herausgefunden hat. Sie erklärt ihrer Mutter, dass sie sich oft schuldig fühle, wenn sie mehr ihr eigenes Ding mache und sich seltener bei ihren Eltern melde. Tatjana teilt ihrer Mutter mit, dass sie selbstständiger und erwachsener werden wolle und es hierfür notwendig sei, einen gesunden Abstand zu den Eltern zu bekommen. Ihre Mutter reagiert zunächst gekränkt, räumt dann aber ein, dass sie tatsächlich eine Gluckenmutter sei und Tatjanas Wunsch akzeptieren könne. Tatjana fällt ein Stein vom Herzen.

FINDE HERAUS, WAS DU WILLST

Ähnlich wie Martin wird auch Tatjana bewusst, dass sie sich aus einer unterschwelligen Angst anzuecken häufig ihrer Umgebung anpasst und dabei ihre eigenen Bedürfnisse übergeht. Sogar ihren Beruf hat sie eher nach den Vorstellungen ihrer Eltern als nach ihren eigenen Wünschen gewählt. Sie beschließt, zukünftig ihre eigenen Wege zu gehen. Dabei fällt ihr auf, dass sie oft gar nicht so genau weiß, was sie eigentlich will. Eine Freundin gibt ihr den Tipp, in kleinen Alltagssituationen auf ihre Wünsche und Bedürfnisse zu achten. Sie soll sich bei kleinen Entscheidungen bewusst fragen: »Was will ich jetzt und wie fühle ich mich?« Tatjana, die es nicht gewohnt ist, in sich hineinzuhorchen und auf ihre Bedürfnisse zu achten, trainiert dies nun.

Schon morgens fragt sie sich, wonach ihr zum Frühstück ist, anstatt gewohnheitsmäßig ihr Müsli in sich hineinzuschlingen. Und so hält sie über den Tag verteilt immer wieder inne und fragt sich: »Wie fühle ich mich? Was will ich?« Natürlich kann sie nicht jedem Bedürfnis nachgeben, aber sie merkt, dass sie durch diese Übung einen viel besseren Draht zu ihren Gefühlen und Wünschen bekommt.

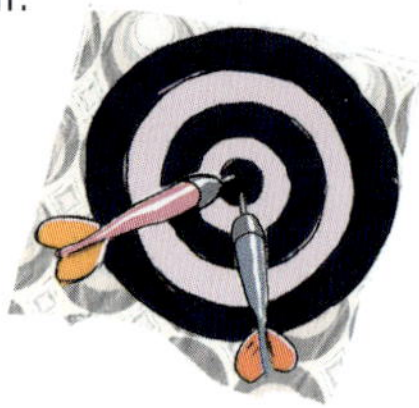

WER SICH IMMER NACH ANDEREN RICHTET, WEISS OFT SELBST NICHT, WAS ER WILL

Und auch Martin lernt, mehr auf sich selbst zu achten, anstatt es allen anderen recht zu machen. Weil er sein Selbstwertgefühl nicht mehr so abhängig von den Reaktionen der anderen Menschen macht, kann er mehr Verantwortung für sich und seine Wünsche übernehmen. Er steht für sich ein und riskiert dafür auch mal, auf Ablehnung zu stoßen. Für seine Mitmenschen wird er hierdurch greifbarer, was sie ihm auch lobend zurückmelden. Er fühlt sich viel stärker und freier.

TATJANA UND MARTIN LERNEN SICH NEU KENNEN

Seitdem Tatjana und Martin sich getrennt hatten, waren zwei Jahre vergangen. Martin lebte schon seit längerem wieder solo und Tatjana hatte nach Martin keine neue Beziehung mehr angefangen. Sie trafen sich zufällig auf der Straße und gingen gemeinsam einen Kaffee trinken. Tatjanas Wunden waren inzwischen so gut wie verheilt. Durch die Arbeit an sich selbst hatte sie erkannt, dass sie damals viel zu stark geklammert hatte. Auch Martin war durch die Auseinandersetzung mit sich reifer geworden. Er wusste nun, dass er vor Tatjana und seinen anderen Freundinnen davongelaufen war, weil er sich nie getraut hatte, er selbst zu sein. Ihm war bewusst, dass er Tatjana damals sehr verletzt hatte. Deswegen entschuldigte er sich bei ihr und erklärte, wie leid es ihm tue. Tatjana nahm diese Entschuldigung erleichtert an und räumte ihrerseits ein, dass sie ihn durch ihr Verhalten unter Druck gesetzt hatte.

Sie unterhielten sich offen und ehrlich. So ehrlich waren sie während ihrer Beziehung nie zueinander gewesen. Sie tauschten sich über ihre neuen Erkenntnisse und ihre Veränderungen aus und stellten viele Gemeinsamkeiten fest. Sie verabredeten sich danach häufiger, denn sie hatten sich viel zu erzählen. Auf diese Weise wurden sie wieder ein Paar. Diesmal war es keine total verrückte Verliebtheit, sondern eher etwas Ruhiges, Vertrautes. Etwas, das sich wie Liebe anfühlte.

WER WENIGER ABHÄNGIG IST, TAUSCHT SICH OFFENER AUS UND FINDET DADURCH EINEN BESSEREN ZUGANG ZUEINANDER

NIMM DEIN INNERES KIND AN DIE HAND

Martin und Tatjana waren seit einigen Wochen wieder zusammen und Martin gab sich Mühe, er selbst zu bleiben. Bei anderen Menschen gelang ihm das inzwischen ganz gut, aber Tatjana war ihm sehr wichtig und deshalb fiel ihm das manchmal noch schwer. Ab und zu zweifelte der kleine Junge in ihm, ob er tatsächlich gut genug sei, wie er wirklich war. Der kleine Junge in ihm hatte öfter den Wunsch, sich zu verstecken. Er meinte, dass sich die Beziehung zu Tatjana schon wieder viel zu eng anfühlte und schlug dem erwachsenen Martin vor, wieder mehr Abstand zu Tatjana zu gewinnen. Da erklärte der erwachsene Martin dem kleinen Martin ganz liebevoll Folgendes: »Pass mal auf, mein Schatz, das mit Mama und Papa war damals wirklich nicht einfach. Vor allem Papa hat dir immer das Gefühl gegeben, nicht gut genug zu sein. Aber das war Papas Fehler und nicht deiner! Denn du bist gut, so wie du bist. Und schau mal, die Tatjana, die hat uns doch ganz lieb. Und sie ist nicht der Papa! Wir müssen uns also weder verstecken noch davonlaufen!« Daraufhin wurde der kleine Junge in ihm ruhiger.

MAN KANN DIE ÄNGSTE DES INNEREN KINDES ERNST NEHMEN, OHNE NACH IHNEN HANDELN ZU MÜSSEN

Auch Tatjana merkte, dass sie noch ein Stück des Weges vor sich hatte. Sie fühlte, wie sehr sie an Martin hing und dass ihre alte Verlustangst wieder auftauchte. Das kleine Mädchen in ihr wollte sich an ihn klammern. Es fühlte sich oft hilflos und aufgewühlt. Deswegen nahm die erwachsene Tatjana die kleine Tatjana an die Hand und erklärte ihr: »Guck mal, mein Liebling, Du musst nicht so aufgeregt sein. Das Schlimmste, was uns passieren könnte, wäre, dass Martin uns tatsächlich verlässt. Aber das haben wir schon einmal überlebt und werden es auch ein zweites Mal überleben. Du hast ja immer noch mich! Und ich kann allein für uns sorgen! Außerdem ist der Martin doch ganz lieb, also lass uns abwarten und vertrauen!« Das kleine Mädchen hatte zwar seine Zweifel, aber es wurde ruhiger.

Indem Martin und Tatjana ihr inneres Kind mithilfe des erwachsenen Anteils in sich beruhigten, ließen sich ihre Gefühle besser regulieren und sie waren ihnen nicht einfach nur ausgeliefert.

TATJANA UND MARTIN REDEN MITEINANDER

Zwar konnten Tatjana und Martin ihre Gefühle besser steuern und verstehen, indem sie mit ihrem inneren Kind in Kontakt traten, jedoch gelang ihnen das nicht immer. Die alten Muster und auch ihre Ängste saßen tief. Deswegen hatten sie beide manchmal das Gefühl, dass die Beziehung etwas aus der Balance geriet. Das war meistens dann der Fall, wenn Martin beruflich starkem Stress ausgesetzt war. Er hatte dann wenig Zeit und reagierte schnell gereizt. In solchen Phasen hatte er auch keinen Nerv mehr, sich mit seinem inneren Kind zu unterhalten. Tatjana merkte in diesen Situationen, dass sie wieder sehr verlustängstlich wurde und klammern wollte. An einem Wochenende, als Martin Zeit und Muße hatte, sprach sie ihn darauf an.

Er zeigte Verständnis für ihre Sorgen und erklärte ihr offen, was in ihm vorging. Er erzählte, dass er in beruflichen Stressphasen leicht in sein altes Muster verfalle und dann nur noch Erwartungsdruck von allen Seiten verspüre. Dann habe er auch das Gefühl, dass sie, Tatjana, ganz viel von ihm erwarte, was dann noch mehr Druckgefühle in ihm auslöse. Um diesem Druckgefühl zu entgehen, ziehe er sich zurück. Tatjana bat Martin daraufhin, sich das nächste Mal nicht einfach zurückzuziehen, sondern mit ihr darüber zu sprechen.

EIN OFFENES GESPRÄCH KANN ÄNGSTE ABBAUEN

Als Martin wieder einmal ziemlich viel Druck von allen Seiten verspürte, suchte er wie erbeten den Austausch mit Tatjana, statt sich in sich selbst zu flüchten. Er redete offen über seine

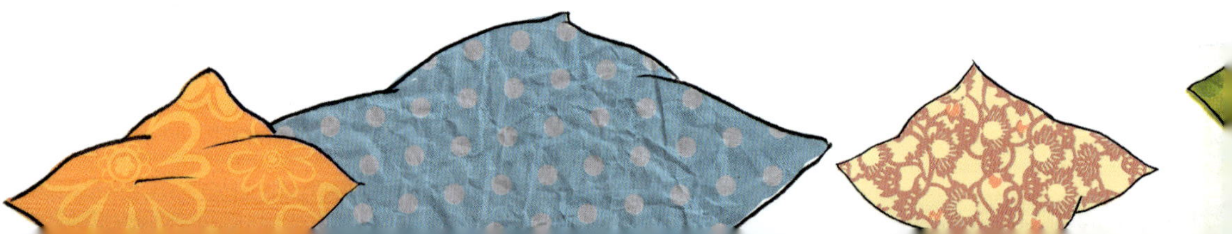

Gefühle und sprach die Erwartungen an, die er bei Tatjana vermutete – und darüber, was er erfüllen könne und was nicht! Er merkte schon beim Sprechen, dass sich seine Druckgefühle auflösten. Zudem wurde durch das Gespräch klar, dass er sich viele Erwartungen Tatjanas nur einbildete. Tatjana und Martin nahmen sich vor, zukünftig miteinander zu reden, sobald sie in ihre alten Muster verfielen. Dadurch wurde es für sie leichter, mit diesen umzugehen.

TATJANA UND MARTIN VERHANDELN MITEINANDER

Martin und Tatjana hatten viel gelernt. So waren sie beide viel aufmerksamer sich selbst gegenüber und merkten nun viel früher und genauer, was in ihnen vorging. Dadurch konnten sie ihre Gefühle besser regulieren. Außerdem tat es beiden sehr gut, miteinander zu reden, wenn sie Gefahr liefen, wieder in ihre alten Muster zu verfallen. Was beide jedoch noch üben mussten, war, miteinander zu verhandeln. So konnten sie ihre Wünsche zwar schon viel besser verspüren und formulieren, aber das hieß natürlich nicht, dass sie immer einer Meinung waren. Martin war beispielsweise geselliger als Tatjana. Er liebte es, unter Leuten zu sein, er ging gerne auf Partys und Events. Tatjana hingegen fand solche Veranstaltungen eher anstrengend. Manchmal stritten sie sich deswegen. Martin warf Tatjana dann vor, sie sei eine Spaßbremse, und Tatjana schnappte zurück, seine Kontakte seien wahllos und oberflächlich. Unterschwellig löste Tatjanas Wunsch nach mehr Ruhe und Zweisamkeit bei Martin wieder sein altes Muster aus, nämlich, dass Beziehungen ihn einengten und seiner Freiheit beraubten. Und auch Tatjana kämpfte mit ihren alten Dämonen. So unterstellte sie Martin, er wolle bei seinen Ausgehtouren eigentlich nur nach anderen Frauen Ausschau halten, was ihre Verlustangst erneut anstachelte.

AUCH DAS FINDEN VON KOMPROMISSEN MUSS GEÜBT WERDEN

Martin hatte inzwischen begriffen, dass er in Angelegenheiten, die für ihn wichtig waren, nicht »um des lieben Friedens willen« einlenken durfte. Wenn er nämlich »ja« sagte, obwohl er

eigentlich »nein« meinte, dann würde er früher oder später wieder aus der Beziehung ausbrechen wollen. Genau das erklärte er Tatjana und schlug ihr vor, dass sie ihre unterschiedlichen Kontaktbedürfnisse miteinander verhandeln sollten.
Hierfür stellten sie drei Regeln auf:

1. Ich begegne dir mit Wohlwollen – du bist nicht mein Feind, nur weil du etwas anderes willst als ich!
2. Ich höre dir genau zu und fühle mich in deine Bedürfnisse ein.
3. Ich formuliere meine Wünsche klar und begründe sie.

Tatjana und Martin gelang es hierdurch einen Kompromiss zu finden, mit dem sie beide gut leben konnten.

TATJANA LERNT SICH SELBST ZU ERFÜLLEN

Der Kompromiss, auf den Tatjana und Martin sich geeinigt hatten, beinhaltete unter anderem, dass Martin öfter mal allein ausging. Tatjana fühlte sich an diesen Abenden ein bisschen einsam, außerdem war sie nervös, dass Martin eine andere kennenlernen könnte. Dabei ärgerte es sie, dass sie – trotz aller Fortschritte, die sie inzwischen gemacht hatte – immer noch so stark auf ihn fixiert war. Deswegen beschloss sie, mehr Beschäftigungen zu finden, die sie unabhängig von Martin glücklich machten. Sie brauchte mehr Hobbys und mehr eigenen Lebensinhalt. Deswegen nahm sie sich drei Dinge vor:

1. Ich treffe mich häufiger mit meinen Freundinnen,
2. ich lerne Akkordeon und
3. ich werde mich beruflich weiterbilden.

EIGENE AKTIVITÄTEN UND HOBBYS STÄRKEN DAS SELBSTWERTGEFÜHL UND MACHEN UNABHÄNGIG

Diese Aktivitäten nahmen Tatjana zwar stark in Anspruch, sie bereiteten ihr aber auch viel Freude. Sie lernte begeistert Akkordeon und machte schnell Fortschritte. Sie genoss es auch, mehr Zeit mit ihren Freundinnen zu verbringen, und die berufliche Weiterbildung brachte richtig neuen Schwung in ihr Arbeitsleben. Durch all diese Maßnahmen wurde Tatjana auf eine gesunde Weise unabhängiger von Martin und auch von der Bestätigung anderer Menschen. Sie war zufriedener und ausgeglichener. Dies spürte natürlich auch Martin. Er fühlte sich entlastet, weil Tatjana sich weniger abhängig von ihm machte – hierdurch wurde seine Liebe für sie noch intensiver.

EIN HAPPY END FÜR TATJANA UND MARTIN

Sie waren jetzt ein Jahr zusammen. Martin machte zum ersten Mal die Erfahrung, dass er in einer Liebesbeziehung er selbst sein durfte. Er stand zu seinen Stärken und Schwächen und zu seinen Wünschen und Bedürfnissen. Auch was seine erotischen Vorlieben betraf, hatte er Tatjana reinen Wein eingeschenkt und aufgehört, die Rolle des perfekten Liebhabers zu spielen. Ihr Sexleben wurde hierdurch viel aufregender als früher.

Martin redete offen über seine Gefühle und verhandelte seine Wünsche, wenn es nötig war. Hierdurch fühlte er sich in Tatjanas Gegenwart frei und musste nicht mehr vor ihr flüchten, um er selbst zu sein.

Auch Tatjana hatte zu sich gefunden. Sie fühlte sich viel stärker und autonomer als früher. Sie liebte Martin und wollte ihn auch nicht verlieren, aber sie wusste inzwischen, dass sie eine Trennung überleben würde. Das gab ihr viel Sicherheit und sie war nicht mehr so eifersüchtig und anklammernd.

Eines Morgens fragte Martin sie, ob sie sich nicht eine gemeinsame Wohnung suchen wollten. Das wäre schön und auch viel günstiger. Tatjana entgegnete: »Ich bin ein anständiges Mädchen, wenn wir zusammen wohnen, dann müssen wir auch heiraten!« Auf Martins total verdatterten Blick hin fing sie schallend an zu lachen und meinte: »Keine Sorge, ich wollte dir nur einen Schreck einjagen!« Daraufhin erwiderte Martin: »Schrecklich wäre nur, wenn du mich nicht nehmen würdest!«

Sollte diese Publikation Links auf Webseiten Dritter enthalten, so übernehmen wir für deren Inhalte keine Haftung, da wir uns diese nicht zu eigen machen, sondern lediglich auf deren Stand zum Zeitpunkt der Erstveröffentlichung verweisen.

MIX
Papier | Fördert gute Waldnutzung
FSC® C011124
www.fsc.org

Klimaneutral
Druckprodukt
ClimatePartner.com/14044-1912-1001

Penguin Random House Verlagsgruppe FSC® N001967

5. Auflage 2023

Neumarkter Str. 28, 81673 München
Umschlag: Weiss Werkstatt München
Umschlagmotiv und Illustrationen:
Kai Pannen, Hamburg, www.illustrationsbuero.de
Druck und Bindung: Mohn Media, Gütersloh
Printed in Germany
ISBN 978-3-466-31038-8
www.koesel.de